coleção primeiros passos 320

Manoel José Tubino

O QUE É OLIMPISMO

editora brasiliense

Copyright © by Manoel Tubino, 2007
Nenhuma parte desta publicação pode ser gravada,
armazenada em sistemas eletrônicos, fotocopiada,
reproduzida por meios mecânicos ou outros quaisquer
sem autorização prévia da editora.

Primeira edição, 2007

Coordenação editorial e de produção: *George Schlesinger*
Produção gráfica: *Thiago B. Lima*
Produção editorial: *Patrícia Rocha*
Preparação de originais: *Dida Bessana*
Revisão: *Maria Regina Machado*
Capa: *Equipe editorial Editora Brasiliense*

Dados Internacionais de Catalogação na Publicação (CIP)
(Câmara Brasileira do Livro, SP, Brasil)

Tubino, Manoel José	
O que é olimpismo / Manoel José Tubino - -São Paulo Brasiliense, 2007. -- (Coleção primeiros passos ; 320)	
ISBN: 978-85-11-00102-0	
1. Olimpíadas - História I. Título. II. Série.	
06-6544	CDD- 796.4809

Índices para catálogo sistemático:
1. Jogos Olímpicos : História 796.4809
2. Olimpíadas : História 796.4809

editora brasiliense ltda.
Rua Antonio de Barros, 1720 – Bairro Tatuapé
CEP 03401-001 – São Paulo – SP – Fone 3062-2700
E-mail: contato@editorabrasiliense.com.br
www.editorabrasiliense.com.br

Sumário

Olimpismo e movimento olímpico 7
A Carta Olímpica..13
Dos jogos olímpicos da Antiguidade aos jogos
    olímpicos modernos..15
As ações do Comitê Olímpico Internacional, das
    federações esportivas internacionais e dos comitês
    olímpicos nacionais...23
Instituições que promovem o olimpismo..........................27
Prêmios e honras olímpicas 31
As manifestações da solidariedade olímpica e da
    educação olímpica..35
O símbolo e as marcas do olimpismo..............................39
Os ritos e as obrigatoriedades olímpicas.........................43
Outras expressões do olimpismo.....................................47
O desenvolvimento olímpico no século XX 51
Indicações para leitura...57
Sobre autor 59

Olimpismo e movimento olímpico

O olimpismo, na percepção do Comitê Olímpico Internacional (COI), de acordo com a Carta Olímpica, é entendido como a base filosófica que envolve o movimento olímpico e exalta as qualidades do corpo, a vontade e o espírito, associando-se ao esporte, à educação e à cultura. O olimpismo é considerado a própria filosofia do esporte, contribuindo para um *estilo de vida* das pessoas, pela: alegria do esforço físico, valor educativo do bom exemplo e respeito pelos princípios éticos universais.

Há um consenso mundial de que o olimpismo é a manifestação suprema do esporte, pois representa a ética esportiva e constitui-se em sua maior expressão.

O olimpismo, também chamado de olimpismo moderno, tem como objetivo a formação de uma sociedade pacífica e terá sempre o esporte como um meio de desenvolvimento harmônico das pessoas e da dignidade humana.

O olimpismo moderno foi criado partindo de uma inspiração de Pierre de Freddy, o barão Pierre de Coubertin, com a recriação dos Jogos Olímpicos (1896) e a organização do Comitê Olímpico Internacional (1894). Pierre de Coubertin, segundo os historiadores, teve influências do inglês Thomas Arnold, considerado o criador do esporte moderno, do alemão J. Winckleman, arqueólogo que fez escavações importantes em Olímpia, e do inglês William Penny Brookes, que organizava os Jogos de Much Wenlock (Inglaterra).

O movimento olímpico, por sua vez, surgiu do olimpismo e, segundo a Carta Olímpica, é dirigido pelo Comitê Olímpico Internacional (COI). Por essa Carta, o movimento olímpico tem por objetivo contribuir para a construção de um mundo melhor e mais pacífico, responsabilizando-se pela educação da juventude por meio do esporte praticado sem discriminação de nenhum tipo e referenciado em um espírito olímpico, sustentado por manifestações de solidariedade, amizade, compreensão e *fair-play*. O movimento olímpico é simbolizado pelos cinco anéis entrelaçados, que representam os cinco continentes.

Há duas perspectivas de entendimento do movimento olímpico:

1º) O movimento olímpico compreende as atividades dirigidas pelo Comitê Olímpico Internacional (COI);

2º) O movimento olímpico abrange as atividades previstas pela Carta Olímpica, de responsabilidade do Comitê Olímpico Internacional e mais as instituições que difundem o olimpismo, de qualquer modo, e não têm uma relação funcional com o COI.

Na primeira perspectiva, o movimento olímpico *Internacional* compreende:

O QUE É OLIMPISMO 9

Espírito Olímpico de Coubertin.
Expresso na abertura dos jogos olímpicos de Londres (1948).

- o Comitê Olímpico Internacional (COI);
- as federações esportivas internacionais filiadas ao COI;
- os comitês olímpicos nacionais (CNO);
- os comitês de organização dos Jogos Olímpicos;
- as associações nacionais e os clubes filiados;
- os atletas, árbitros, treinadores e outros profissionais do esporte; e
- outras organizações reconhecidas pelo COI.

Na segunda perspectiva, o Movimento Olímpico Internacional tem em sua amplitude:

- as instituições reconhecidas pela Carta Olímpica e pelo Diretório do Movimento Olímpico (mas que não são dirigidas pelo COI);
- solidariedade olímpica;
- museu e centro de estudos olímpicos;
- as instituições que tratam da difusão do ideal olímpico;
- Academia Internacional Olímpica (AIO);
- Associação Mundial dos Olímpicos (AMO);
- Fundação Internacional para a Trégua Olímpica (Fito);
- Centro Internacional para a Trégua Olímpica (Cito);
- Comitê Internacional Pierre de Coubertin;
- Instituto Pierre de Coubertin;
- Associação Ibero-Americana de Academias Olímpicas;
- Comitê Internacional para o *fair-play*;
- Panathlon Internacional;
- Associação Internacional para um Esporte sem Violência;
- Federação Internacional de Educação Física (Fiep);

- Associação Internacional de Esporte para Todos, Trim e Fitness (Tafisa);
- Conselho Internacional de Ciência do Esporte e Educação Física (ICSSPE);
- Movimento Europeu do *fair-play*;
- Federação Internacional de Esporte para Todos;
- o Comitê Paraolímpico Internacional (IPC);

As organizações internacionais gerais do esporte, como:

- Associação Geral das Federações Internacionais do Esporte (AGFIS/GAISF);
- Assembléia Internacional de Organizações Nacionais do Esporte (Ianos);
- Associação das Federações Internacionais Olímpicas de Verão;
- Associação das Federações Internacionais Olímpicas de Inverno;
- Associação de Federações Internacionais Esportivas reconhecidas pelo COI;
- Associação dos Comitês Nacionais Olímpicos (ACNO/Anoca);
- Conselho Olímpico da Ásia;
- Associação dos Comitês Nacionais Olímpicos da África;
- Comitês Olímpicos Europeus;
- Organização Desportiva Pan-Americana (Odepa);
- Organização Desportiva Sul-Americana (Odesur);
- Comitê Olímpico Nacional da Oceania, e
- Comitê Internacional dos Jogos Mediterrâneos.

A evolução do movimento olímpico ocorreu no século XX por marcos e fatos que contribuíram para o enriquecimento do olimpismo. Podem-se citar:

- a criação da Academia Olímpica;
- a criação do Museu Olímpico de Lausanne;
- o início da solidariedade olímpica;
- a criação dos organismos continentais, vinculados ao Comitê Olímpico Internacional;
- o fortalecimento político do COI;
- o surgimento dos Jogos Olímpicos de Inverno;
- a adoção do *fair-play* como parâmetro ético;
- a fundação de organismos internacionais de divulgação do olimpismo e do *fair-play*;
- a incorporação das questões do meio ambiente e da cultura de paz nos compromissos olímpicos;
- o reconhecimento pelo COI de federações internacionais que promovem o esporte;
- o surgimento do Movimento Paraolímpico Esportivo;
- o início dos Congressos Científicos Pré-olímpicos; e
- a defesa de uma educação olímpica nas escolas.

A Carta Olímpica

A Carta Olímpica é um documento que normatiza o movimento olímpico, na perspectiva da direção do Comitê Olímpico Internacional (COI). A Carta Olímpica, na verdade, é um código que resume os princípios fundamentais, as normas e os textos de aplicação adotados pelo COI. Ela também fixa as condições para a celebração dos Jogos Olímpicos. Esse documento compõe-se de cinco capítulos e 74 normas ou regras, além dos princípios fundamentais que antecedem os capítulos.

A Carta Olímpica é periodicamente atualizada pelos Textos de Aplicação, os quais propiciam direções e orientações para suas normas.

Primeiros jogos olímpicos modernos - Estádio Panatinaikos.
(Atenas/1896).

Dos jogos olímpicos da Antiguidade aos jogos olímpicos modernos

Entre os chamados Jogos Gregos, na antiga Grécia, os Jogos Olímpicos da Antiguidade foram os mais importantes. Foram celebrados em Olímpia, na Élida, durante doze séculos e o período de disputas aconteceu entre 776 a.C. e 393 d.C. Eram celebrados em homenagem a Zeus, o principal deus grego.

Os Jogos Olímpicos da Antiguidade foram divulgados principalmente por Homero e Píndaro. Esses jogos tinham nos *helenoices* seus organizadores e nos *arautos* seus anunciadores. As provas mais disputadas pelos atletas representantes das cidades gregas foram: a corrida de estádio, a de duplo-estádio, o pentatlo, a luta, o pugilato, a corrida armada e a corrida de cavalos. Os Jogos Olímpicos da Antiguidade, depois de passarem por um longo período de decadência, foram extintos pelo rei Teodósio em 393 d.C.

A restauração dos Jogos, ocorrida em 1896 com os primeiros Jogos Olímpicos da Modernidade, foi precedida pela criação, em 1894, do Comitê Olímpico Internacional. Esses dois fatos tiveram como protagonista Pierre de Freddy, o barão Pierre de Coubertin.

Os Jogos Olímpicos Modernos, também conhecidos como Jogos Olímpicos da Era Moderna, compreendem as competições olímpicas internacionais iniciadas em 1896 (Atenas, Grécia) e são realizadas a cada quatro anos.

Os Jogos Olímpicos da Modernidade compreendem os Jogos da Olimpíada, também chamados Jogos Olímpicos de Verão e os Jogos Olímpicos de Inverno, cuja primeira disputa aconteceu em 1924 (Chamonix, França). O termo olimpíada designa um período de quatro anos consecutivos, iniciado com a abertura de uma celebração dos Jogos da Olimpíada e termina com a abertura dos jogos seguintes. Por causa do uso do termo Olimpíada, os Jogos são chamados Jogos da Olimpíada, sendo que os Jogos de Inverno mantêm essa denominação por estarem intercalados aos Jogos da Olimpíada. A Primeira e Segunda Guerras Mundiais interromperam a seqüência dos Jogos, mas a contagem foi mantida considerando as Olimpíadas suspensas. As modalidades esportivas disputadas nos Jogos Olímpicos da Modernidade têm variado desde as primeiras competições olímpicas.

A eleição de uma cidade para sediar os Jogos Olímpicos é uma prerrogativa do Comitê Olímpico Internacional (COI), após apresentação das candidaturas. Após a escolha da cidade-anfitriã, o COI firmará um contrato com o respectivo Comitê Olímpico Nacional, no qual estarão especificadas as responsabilidades de cada parte. Será sempre criado um Comitê Organizador (Cojo), que deverá estar sempre em comunicação com o COI.

Em cada competição olímpica só serão disputados esportes olímpicos e suas respectivas disciplinas. Além dos esportes olímpicos tradicionais, que são sempre mantidos, poderão ser incluídas outras modalidades e disciplinas, desde que atendam a critérios estabelecidos na Carta Olímpica:

- *Esportes*, quando amplamente praticados em um mínimo de 75 países e quatro continentes por homens e no mínimo 40 países e três continentes por mulheres (Jogos de Verão);
- *Esportes*, quando amplamente praticados em um mínimo de 25 países e três continentes (Jogos de Inverno);
- Somente esportes que apliquem o Código Antidoping do Movimento Olímpico e realizem controles fora das competições olímpicas;
- Os esportes só podem ser admitidos para os Jogos Olímpicos sete anos antes das competições em que aparecerão pela primeira vez;
- As disciplinas, consideradas modalidades dos esportes olímpicos, além da necessidade de apresentarem-se em um nível internacional, terão de estar norteadas pelos mesmos critérios de seleção para a introdução de esportes nos Jogos Olímpicos;
- As *provas*, que são competições dentro de um esporte olímpico ou de uma de suas disciplinas, devem apresentar-se em um nível internacional reconhecido e ter figurado pelo menos duas vezes em campeonatos mundiais ou continentais. Elas precisam ser disputadas em pelo menos 50 países e três continentes pelos homens e 35 países e três continentes por mulheres.

Jesse Owens - Fato político nos jogos de Berlin (1936) ao vencer quatro provas.

O programa dos Jogos da Olimpíada (Verão) compreenderá pelo menos quinze esportes. Não há número mínimo para os Jogos de Inverno. Os programas de disputas olímpicas são revistos após cada celebração dos Jogos Olímpicos. As Federações Internacionais (FI) estabelecem os critérios e as competições pré-olímpicas de classificação para a participação nos *Jogos*, sempre em concordância com a Carta Olímpica e as prescrições do COI. Cada Federação Internacional ficará responsáve pelo desenvolvimento de seus esportes nas disputas olímpicas.

Os Jogos Olímpicos (Jogos da Olimpíada e Jogos Olímpicos de Inverno) têm em seu ritual as cerimônias de abertura e encerramento, que obedecem ao protocolo fixado pelo COI. Essas cerimônias promovem os princípios humanistas do olimpismo contribuindo para sua difusão pelo mundo.

Nas cerimônias de abertura dos Jogos Olímpicos, inicialmente as delegações dos países desfilam na pista do estádio com uniforme especial e respectiva bandeira conduzida por um de seus atletas de expressão olímpica. O desfile segue a ordem alfabética, excetuando a Grécia que desfila primeiro e o país anfitrião por último. Depois de breves discursos do presidente do Comitê organizador e do presidente do Comitê Olímpico Internacional, o chefe de Estado do país anfitrião declara abertos os *Jogos*. Então acontecem:

- o Hino Olímpico;
- a introdução da Bandeira Olímpica;
- a chegada da Chama Olímpica após grande revezamento internacional;

- o *Juramento* de atletas e árbitros;
- o Hino Nacional do país anfitrião;
- um Programa Cultural preparado pelo país-anfitrião.

A cerimônia de encerramento dos Jogos Olímpicos é realizada ao final das competições, em um protocolo em que a Chama Olímpica é apagada e a Canção da Despedida é executada para os atletas participantes. Segue-se um programa cultural e uma grande confraternização entre os atletas participantes.

O *juramento olímpico* é efetuado inicialmente por um atleta do país anfitrião, com acompanhamento dos demais atletas, e depois por um árbitro, também do país-anfitrião e com a adesão de todos os árbitros participantes. O atleta e o árbitro selecionados devem simbolizar condutas admiráveis em termos de padrão olímpico. O primeiro juramento ocorreu nos Jogos Olímpicos da Antuérpia (Bélgica, 1920), pelo esgrimista Victor Boin.

As cerimônias de abertura dos Jogos Olímpicos também compreendiam uma Revoada de Pombos, os quais voavam em todas as direções anunciando ao mundo o encontro de jovens vindos dos diversos pontos da Terra para as disputas olímpicas pacíficas, sem preconceitos raciais, sociais, ideológicos e religiosos. Quando as cerimônias passaram a ser realizadas à noite, muitas aves morreram ao voar para as chamas e, por causa disso, foram substituídas por pessoas fantasiadas de pombos, mantendo-se a simbologia da *Revoada*.

A Chama Olímpica, quando chega ao estádio de abertura dos Jogos Olímpicos, é conduzida pelo último atleta de um grande revezamento à pira olímpica e arderá durante a celebração da competição.

Spiridon Louis - grego campeão da maratona olímpica.
(Atenas/1896)

As ações do Comitê Olímpico Internacional, das federações esportivas internacionais e dos comitês olímpicos nacionais

O Comitê Olímpico Internacional (COI), como autoridade suprema do Movimento Olímpico, dirige e coordena as competições olímpicas segundo as diretrizes da Carta Olímpica, estimula as ações a favor da Paz, fomenta a difusão da ética esportiva, zela pelo *fair play*, promove a luta contra o doping e abusos comerciais no esporte, apóia a Academia Olímpica Internacional e todas as instituições cujos objetivos sejam a Educação Olímpica.

Os braços do Comitê Olímpico Internacional, em sua atuação a favor do Movimento Olímpico, serão principalmente as Federações Esportivas Internacionais (FI) e os Comitês Olímpicos Nacionais (CON). O COI emite *Textos de Aplicação* que atualizam os procedimentos no Movimento Olímpico.

As Federações Esportivas Internacionais (FI) estabelecem critérios específicos para as práticas olímpicas das modalidades sob sua responsabilidade, de acordo com as diretrizes da Carta Olímpica e do COI.

Os Comitês Olímpicos Nacionais (CON), por sua vez, difundem os princípios do olimpismo nos planos nacionais, fomentam a Educação Olímpica e responsabilizam-se pelas delegações nacionais nos eventos olímpicos, além de manterem relações harmoniosas com os respectivos governos.

Emil Zatopeck - A "Locomotiva Humana", que venceu numa mesma olimpíada as provas de 5000m, 10.000m e a maratona.
(Helsinque/1952)

Instituições que promovem o olimpismo

Há várias instituições internacionais que promovem o Olimpismo mediante estudos, acervos de informações e ações específicas, sendo as principais: a Academia Internacional Olímpica (AIO), a Associação Mundial dos Olímpicos (AMO), o Museu e Centro de Estudos Olímpicos de Lausanne, o Instituto Pierre de Coubertin, o Centro Internacional para a Trégua Olímpica e a Fundação para a Educação Olímpica e Esportiva (Fose), entre outras.

A Academia Internacional Olímpica (AIO) foi criada em 1961 e teve incentivos anteriores por Pierre de Coubertin, Carl Diem e Jean Ketseas. Essa *Academia* tem como missão zelar e desenvolver o *espírito olímpico* e garantir a herança cultural do olimpismo. O ex-presidente do COI, Juan Antonio Samaranch, deu grande impulso para a criação das Academias Olímpicas Nacionais com o objetivo de reforçar o Movimento Olímpico nos países.

A Associação Mundial dos Olímpicos (AMO) congrega internacionalmente todos os participantes olímpicos.

O Museu e Centro de Estudos de Lausanne, inaugurado em 1993, tem como objetivo a preservação do olimpismo, cuidando da memória olímpica e promovendo estudos. Nesse museu são guardados os registros dos Jogos Olímpicos, coleções de livros e periódicos sobre olimpismo e esporte, mantidos de fotos e documentos olímpicos, além de pinturas, selos, moedas etc., alusivos às manifestações olímpicas. O acervo de Pierre de Coubertin encontra-se no Museu Olímpico de Lausanne.

O Instituto Pierre de Coubertin é um organismo que também promove o olimpismo por meio de pesquisas, conferências, reuniões e publicações.

O Centro Internacional para a Trégua Olímpica (Fito) é uma instituição reconhecida pelo Comitê Olímpico Internacional (COI), que promove os ideais olímpicos da Paz entre as nações e povos. Para isso, defende as antigas tradições gregas e busca uma cooperação com o governo helênico no sentido da exaltação dos símbolos olímpicos. É dirigido pelo próprio presidente do COI.

A Fundação para a Educação Olímpica e Esportiva (Fose) é uma instituição não-governamental, radicada em Atenas (Grécia), que tem como missão a educação olímpica e esportiva, publicando livros básicos sobre olimpismo e promovendo eventos.

O QUE É OLIMPISMO

Cartaz dos Primeiros Jogos Olímpicos. (Atenas/1856)

Adhemar Ferreira da Silva - Brasileiro Bi-campeão olímpico.
(Helsinque/1952 e Melbourne/1956)

Prêmios e honras olímpicas

Os Prêmios e as Honras Olímpicas, durante e fora dos Jogos, são: as Medalhas Olímpicas, o Diploma Olímpico, a Ordem Olímpica e a Taça Olímpica.

As Medalhas Olímpicas, que constituem a premiação olímpica durante os Jogos, fazem parte dos ritos olímpicos, sendo conquistadas pelos três primeiros colocados em cada prova ou disciplina, que recebem, respectivamente, a medalha de ouro, prata e bronze, em um podium especialmente construído para essa celebração. Na ocasião da premiação aos atletas, a bandeira do país dos medalhistas é hasteada e o hino do país do campeão é ouvido.

O Diploma Olímpico é conquistado pelos oito primeiros classificados em cada prova ou disciplina olímpica.

A Ordem Olímpica foi criada em 1974 e representa uma condecoração para pessoas físicas que elevaram o ideal olímpico com seus méritos esportivos e serviços à causa

Mark Spitz - sete medalhas de ouro e sete recordes mundiais (Jogos olímpicos do México/1968)

olímpica. Os seis primeiros condecorados foram: Avery Brindage (Estados Unidos), Lord Kilanin (Irlanda), marquês de Exeter (Inglaterra), papa João Paulo II (Vaticano), Amadou Mathar M'Bow (Senegal) e rei Olaf (Noruega).

A Taça Olímpica, instituída por Pierre de Coubertin e pelo Touring Club da França em 1906, é um prêmio do Comitê Olímpico Internacional (COI) concedido à instituição ou associação que tenha grandes méritos olímpicos e esportivos. A Taça Olímpica permanece no Castelo de Vidy, em Lausanne (Suíça), e a instituição que ganha essa distinção recebe uma réplica.

Os Comitês Olímpicos Nacionais também instituem prêmios e condecorações na abrangência de suas atuações. De modo geral, esses prêmios são distribuídos a cada ano.

As manifestações da solidariedade olímpica e da educação olímpica

O olimpismo também é apresentado por algumas manifestações significativas que, inclusive, têm amplitude internacional. As principais são a solidariedade olímpica e a educação olímpica.

A solidariedade olímpica, regulada pela Carta Olímpica, foi instituída em 1960, com o objetivo de criar programas de solidariedade esportiva com o chamado Terceiro Mundo. Depois, esse programa passou a contar com os recursos da televisão obtidos durante os Jogos Olímpicos. Os programas são planejados, organizados e administrados pelo COI e apóiam os Comitês Olímpicos Nacionais e Federações Internacionais e Nacionais esportivas. Entre as ações da solidariedade olímpica estão bolsas olímpicas para atletas, estágios técnicos de treinamento e de arbitragem, formação de dirigentes esportivos, desenvolvimento de disciplinas esportivas, estágios de medicina esportiva e muitas outras ações relevantes.

A educação olímpica pode ser entendida como os conjuntos de procedimentos destinados a desenvolver nas pessoas, principalmente crianças e jovens, os conteúdos dos ideais olímpicos com os que envolvem o Símbolo Olímpico, a Bandeira Olímpica, o Lema Olímpico, o Emblema Olímpico e as demais manifestações do Movimento Olímpico. As atuações da Academia Olímpica Internacional (AIO), do Museu Olímpico de Lausanne e da Federação de Educação Olímpica e Esportiva (Fose) são as que mais contribuem para a Educação Olímpica da Humanidade. O crescimento do Movimento Olímpico e da mídia esportiva têm sido fundamentais para o desenvolvimento da educação olímpica.

Tommie Smith - Manifestação política pelo "Black Power" no podium olimpíco.
(México/1968)

O símbolo e as marcas do olimpismo

O símbolo olímpico é representado pelos cinco anéis entrelaçados, em várias cores, o qual expressa a união dos cinco continentes e o encontro dos atletas do mundo inteiro no Jogos Olímpicos.

As cores dos anéis são o azul, o amarelo, o preto, o verde e o vermelho. Esses anéis são entrelaçados da esquerda para a direita, onde os anéis azul, preto e vermelho estão acima e o amarelo e o verde estão situados abaixo. Essas cores foram escolhidas porque não existe, no mundo, uma nação que não tenha em sua bandeira pelo menos uma dessas cores. O Símbolo Olímpico apareceu pela primeira vez nos Jogos da Antuérpia (Bélgica, 1920).

Outras marcas importantes do olimpismo são a Bandeira Olímpica, o Lema Olímpico, o Hino Olímpico e os Emblemas Olímpicos.

A Bandeira Olímpica foi apresentada pela primeira vez em

Jim Thorpe - campeão olímpico do pentatlo e decatlo que perdeu as medalhas acusado de profissionalismo (Estocolmo,1912)

1914, no Congresso Olímpico de Paris, por Pierre de Coubertin. Em 1988, o coreano Roh Tae-Woo apresentou a nova Bandeira Olímpica, de fundo branco contendo os anéis entrelaçados do Símbolo Olímpico, e deverá estar presente em todas as delegações durante os desfiles de abertura dos Jogos Olímpicos. Uma Bandeira Olímpica é içada em um mastro central durante a abertura dos *Jogos* e é arriada no final da cerimônia de encerramento.

O Lema Olímpico *Citius, Altius, Fortius*, que pode ser traduzido por "mais veloz, mais alto, mais forte", foi criado pelo reverendo francês Henry Didon, amigo de Pierre de Coubertin, no fim do século XIX, quando foi aprovado no congresso olímpico de 1897 (Havre, França). Apareceu pela primeira vez nos Jogos da Olimpíada da Antuérpia (Bélgica, 1920). O Lema Olímpico expressa uma mensagem do *Comitê Olímpico Internacional* (COI) para o aperfeiçoamento humano e a superação pessoal dos olímpicos, de acordo com o Espírito Olímpico.

O Hino Olímpico foi composto por Spyro Samara e Kotis Palarnas para os primeiros Jogos Olímpicos de Atenas (Grécia, 1896). Depois, esse hino só viria a ser executado nos Jogos Olímpicos de Melbourne (Austrália, 1956). Em 1958, foi oficialmente aprovado pelo COI.

Os Emblemas Olímpicos acompanham os *Jogos* desde a primeira edição em Atenas (1896). São criados pelos Comitês Olímpicos Nacionais (CON) e Comitês Organizadores dos Jogos Olímpicos (Cojo) e permitem identificações com os comitês responsáveis por sua criação. Os Emblemas Olímpicos são utilizados muitas vezes para fins publicitários.

Os ritos e as obrigatoriedades olímpicas

O crescimento das competições olímpicas causaram também um aumento dos ritos e das obrigatoriedades exigidas pelo *Comitê Olímpico Internacional* nesses *Jogos*. Podem-se citar como os principais ritos e obrigatoriedades dos *Jogos Olímpicos*:

- o Fogo Olímpico
- a Vila Olímpica
- Acampamento Juvenil Olímpico
- o Legado Olímpico

O *Fogo* ou *Chama Olímpica*, iniciado nos Jogos Olímpicos de Amsterdã (Holanda, 1928), é o fogo que arde em um lugar de destaque no estádio principal de disputa dos Jogos Olímpicos. Nos *Jogos Olímpicos da Antiguidade* o fogo permanecia aceso no Templo de Era, num vaso chamado "skapia". Por proposta de Theodore Lewald, a *Tocha Olímpica* passou a ser conduzida nos Jogos de Berlim

Pravo Nurmi - ganhou nove medalhas de ouro e três de prata em três jogos olímpicos.
(Anturpia/1920, Paris/1924 e Amsterdã/1928)

(Alemanha, 1936), desde Olímpia com o grego Konstantin Kondyllis, passando por 3.075 corredores e chegando ao estádio olímpico com o alemão Fritz Schilgem. Em 2004, a *Chama Olímpica*, pela primeira vez, passou por um revezamento global antes de chegar a Atenas. O evento da condução da *Tocha* ou *Chama Olímpica* é considerado atualmente uma manifestação de Paz, com o congraçamento dos povos de todos os continentes do planeta.

A *Vila Olímpica* aconteceu pela primeira vez nos Jogos Olímpicos de Los Angeles (Estados Unidos, 1932). São locais reservados para servir de residência e congraçamento dos participantes dos *Jogos*. Simboliza a reunião de pessoas de todas as partes do mundo, independentemente de crença, raça, ideologia ou qualquer tipo de discriminação. As *Vilas Olímpicas* fazem parte dos critérios de seleção das cidades-sede dos *Jogos Olímpicos*.

O *Acampamento Juvenil Olímpico* é um acampamento previsto na *Carta Olímpica*, o qual promove uma confraternização entre jovens selecionados pelas diversas nações disputantes dos *Jogos Olímpicos*, durante estas competições.

O *Legado Olímpico* constitui-se no conjunto de benefícios culturais, estruturais, educacionais, sociais e esportivos que as cidades e os países promotores dos Jogos Olímpicos recebem como contribuição pela realização dos Jogos. O *Legado Olímpico* também é um dos itens importantes nos critérios para a seleção das cidades que hospedam os *Jogos Olímpicos*.

Outras expressões do olimpismo

O *Olimpismo* compreende um número considerável de expressões que contribuem para seu conteúdo. Estas expressões estão presentes nos *Jogos Olímpicos* e nas manifestações do Movimento Olímpico. A *Cidade Olímpica*, a *Comissão de Atletas*, o *Espírito Olímpico*, o *Estádio Olímpico*, os *Mascotes Olímpicos*, os *Pictogramas Olímpicos*, o *Voluntariado Olímpico*, as *Belas Artes* relacionadas e o *Programa Cultural Olímpico* são as principais.

As cidades que sediaram os Jogos Olímpicos são definidas como *Cidades Olímpicas*. A primeira cidade olímpica foi Atenas. A primeira cidade olímpica que sediou os Jogos Olímpicos de Inverno foi Chamonix (Jogos de 1924).

A *Comissão de Atletas Olímpicos* constitui-se numa seção consultiva do COI. É formada por atletas eleitos e tem regulamento próprio.

O *Espírito Olímpico* se apóia no *fair play* e está compro-

Primeiros jogos olímpicos de inverno (Chamonix, 1924)

Primeiro comitê olimpíco internacional (1894)

metido com a alegria nos esforços e respeito aos princípios éticos universais nas disputas esportivas e fora delas.

Os *Estádios Olímpicos* correspondem às instalações que servem para as celebrações de abertura e encerramento dos Jogos Olímpicos. Esses estádios continuam a ser chamados de *Estádios Olímpicos* depois dos Jogos em que foram utilizados.

Os *Mascotes Olímpicos*, surgidos nos Jogos Olímpicos de Inverno de 1968 (Grenoble, França), simbolizam o país ou região onde os Jogos Olímpicos se realizam. O primeiro mascote foi o "Schurs" e o mais famoso foi o "Misha" dos Jogos da Olimpíada de Moscou (ex-União Soviética, 1980).

Os *Pictogramas Olímpicos* são símbolos gráficos que são criados em cada competição olímpica, servindo para identificar os esportes e as disciplinas esportivas disputadas. Os primeiros pictogramas olímpicos surgiram nos Jogos da Olimpíada de Tóquio (Japão, 1964) e foram criados por Masao Katzumie e Yoshiro Yamashita.

O *Voluntariado Olímpico*, cada vez mais importante no *Movimento Olímpico*, é formado por pessoas que espontaneamente contribuem para os *Jogos Olímpicos*.

As *Belas Artes* acompanham o Movimento Olímpico desde a Antiguidade, com as esculturas, vasos, murais etc., que sempre exaltaram as manifestações esportivas olímpicas. As obras de arte criadas em cada Olimpíada contribuem para o legado deixado em cada período olímpico. O Museu de Lausanne e a Academia Olímpica têm extraordinários acervos artísticos em permanente exposição.

O *Programa Cultural Olímpico*, que faz parte do planejamento de cada evento olímpico, compreende desde a construção de museus, marcos, teatros ao desenvolvimento de exposições e mostras de aspectos culturais esportivos. O *Programa Cultural Olímpico* tem relações com as áreas de Turismo, Educação, Memória, História, Arquitetura, Literatura, Música, Escultura, Filatelia, Numismática, Fotografia, Cinema e outras. Nos *Jogos Olímpicos da Modernidade*, o *Programa Cultural Olímpico* apareceu pela primeira vez nos *Jogos da Antuérpia* (Bélgica, 1920).

O desenvolvimento olímpico no século XX

Após o resgate da concepção do *Olimpismo* por Pierre de Coubertin no final do século XIX, o *Esporte Moderno* entrou em um período que pode ser denominado *Período do Ideário Olímpico*. Neste período histórico, a característica principal era a presença inquestionável do "amadorismo". Era inaceitável qualquer sintoma de profissionalismo, o que pode ser explicado pela prática esportiva na aristocracia e alta burguesia da Europa. Os esportes em que o profissionalismo estava presente (rugby, beisebol, tênis, futebol, boxe e outros) não foram incluídos nos Jogos Olímpicos desse período. A corrida no atletismo e o remo eram as modalidades esportivas de mais aceitação. A maioria dos atletas eram homens e as regras esportivas pouco a pouco iam se consolidando.

Foi Hitler, nos Jogos da Olimpíada de Berlim (Alemanha, 1936), que começou a romper este período trazendo a política para as disputas olímpicas. Ele tentou fazer dos Jogos

Jogos paraolímpicos - Vitória de superação humana

Johnny Weissmuller - Primeiro campeão olímpico
(Paris/1924, Amsterdã/1928; depois "Tarzan" no cinema.

de Berlim um marco de "evidência" de uma suposta superioridade ariana. Foi o atleta negro norte-americano Jessé Owens que provocou uma grande frustração no governante alemão ao vencer quatro provas de atletismo.

Infelizmente a lição de Hitler foi aprendida pelo capitalismo e pelo socialismo, que trouxeram a Guerra Fria, iniciada nos anos de 1950 para as disputas esportivas. A equivocada contagem de medalhas pela imprensa mundial é um reflexo deste período conhecido como *político-ideológico*. Nos Jogos da Olimpíada de Helsinque (Finlândia, 1952), a imprensa capitalista percebeu que a equipe dos Estados Unidos tinha mais medalhas de ouro que a da União Soviética e tratou rapidamente de estabelecer uma classificação por convenção dos jornalistas ocidentais. Registra-se que esta classificação nunca existiu na *Carta Olímpica* e nos regulamentos de competições olímpicas. Após os Jogos de Helsinque, pouco a pouco os países socialistas, principalmente União Soviética e Alemanha Oriental, devido aos resultados femininos, passaram os países ocidentais, considerando o mesmo esquema de contagem de medalhas. Interessante é que esta contagem continuou até os Jogos de Atenas (Grécia, 2004) sem contestação, embora, como já foi afirmado, não represente nenhuma prescrição oficial olímpica.

Este *Período Político-Ideológico* do Esporte e do Olimpismo começou a ser contestado já na década de 1960 com o *Manifesto do Esporte* assinado pelo prêmio Nobel da Paz Phillip Noel-Baker, pelo surgimento na Noruega do *Movimento Esporte para Todos* e os diversos artigos escritos pela intelectualidade internacional. Depois, a Unesco entrou em ação promovendo encontros internacionais para a discussão do esporte e em 1978 emitiu a *Carta Internacional de Educação Física e Esporte*, na qual o direito de todos às práticas esportivas já estava estabelecido no primeiro artigo deste documento. Paralelamente, os *Jogos Olímpicos* entravam em profunda decadência e contradição nos países do Leste, os atletas faziam parte de uma carreira esportiva dirigida pelo Estado, camuflando o "amadorismo". No Ocidente, o chamado "amadorismo marrom", com bolsas para os atletas, enganava os preceitos olímpicos. Além disso, os boicotes (Jogos de Montreal, Moscou e Los Angeles) e até massacre (Munique) evidenciavam um quadro circunstancial em que não mais se esperava uma regeneração dos Jogos. O ilícito, manifestado pelo doping, ganhava espaço pois o importante era a vitória a qualquer custo para satisfazer as propagandas ideológicas e as políticas estatais.

A chegada do "negócio" ao esporte e conseqüentemente às competições olímpicas começou a desfazer este quadro extremamente negativo. A "queda do Muro de Berlim" remeteu a humanidade ao final da Guerra Fria, iniciando outro período histórico do esporte chamado de *Esporte Contemporâneo*.

As discussões éticas do *Esporte Contemporâneo* trouxeram um novo cenário para o *Olimpismo*, que recuperou a função suprema na própria filosofia do esporte. Evidentemente, muitos conceitos do *Olimpismo* de Coubertin e seguidores tiveram que ser revistos, mas o que importa é que o *Movimento Olímpico* na atualidade é a referência ética maior no esporte contemporâneo. A mídia, sem dúvida a variável independente mais influente no esporte contemporâneo, tem feito justiça a este papel do *Olimpismo*, reconhecendo-o como um fator essencial para a Paz no mundo pela aproximação dos países e povos.

Indicações para leitura

• Como leitura clássica estrangeira sobre o Olimpismo, recomenda-se:

Tharrats, J-A. *Los Juegos Olímpicos*. Madri: Ibérico Europea de Ediciones, 1972.
Durantez, C. *Las Olimpiadas Griegas*. Pamplona: Comité Olímpico Español, 1977.
Swaddling, J. *The Ancient Olympic Games*. Londres: British Museum, 1980.
Costelle, D. & Berlioux, M. *Historie des Jeux Olympiques*. Paris: Larousse, 1980.
Lagorce, G. & Parienté, R. *La Fabuleuse Historie des Jeux Olympiques*. Paris: Nathan, 1988.

• Como literatura estrangeira mais recente, recomenda-se:
Marillier, B. *Jeux Olympiques*. Puiseaux: Pardés, 2000.

International Olympic Committee.
Olympic Movement Directory. Lausanne, 2005.

• Na literatura brasileira sobre Olimpismo, deve-se ler:

Tubino, M. J. G. *O que é esporte*. São Paulo: Brasiliense, Coleção Primeiros Passos, 1993.
Godoy, L. *Os Jogos Olímpicos na Grécia Antiga*. São Paulo: Nova Alexandria, 1996.
Lancellotti, S. *Olimpíada 100 anos – História competa dos jogos*. São Paulo: Círculo do Livro, 1996.
Cardoso, M. *De Atenas a Atlanta – 100 anos de Olimpíadas*. São Paulo: Scritta, 1996.
Comitê Olímpico Brasileiro. COB *1996 – Ouro, prata e bronze*. Rio de Janeiro: COB, 1996.
Colli, E. *Universo olímpico – Uma enciclopédia das Olimpíadas*. São Paulo: Codex, 2004.
Tubino, M. J. G.; Garrido, F. & Tubino, F. *Brasil – Potência esportiva pan-americana*. Belo Horizonte: Casa da Educação Física, 2004.
Comitê Olímpico Brasileiro. *Sonho e conquista – O Brasil nos jogos olímpicos do século XX*. Rio de Janeiro: COB, 2005.
Tubino, M. J. G.; Garrido, F. & Tubino, F. *Dicionário Enciclopédico Tubino do esporte*. Rio de Janeiro: Senac, 2006.

Manoel Tubino

Nascido em Pelotas (RS), fez seus estudos secundários em Campinas (SP), e depois cursou o Colégio Naval e a Escola Naval.

Formou-se em Educação Física na Escola de Educação Física do Exército, tendo depois obtido os seguintes títulos de pós-graduação *stricto sensu*:

- Mestre em Educação, pela Universidade Federal do Rio de Janeiro;
- Doutor em Educação Física pela Universidade Livre de Bruxelas;
- Doutor em Educação pela Universidade Federal do Rio de Janeiro;

- Livre-docência pela Universidade Estadual do Rio de Janeiro.

Além disso, já escreveu dezenas de livros sobre educação física, esporte, universidade e tecnologia educacional. Publicou centenas de artigos no Brasil e no exterior; e ainda é conferencista em diversos países.

No período conhecido como Nova República, foi presidente do Conselho Nacional de Desportos (CND), de 1985 a 1990, e acumulou a Secretaria Nacional de Educação Física e Desportos, em 1989. Foi presidente do Instituto de Desenvolvimento Nacional do Esporte (Indesp), em 1999.

Depois de dirigir a Escola de educação Física de Volta Redonda (1970-1971), ingressou na Universidade Gama Filho, onde permaneceu até 1998.

Atualmente, é presidente da Fédération Internationale d'Education Physique (Fiep) e é professor do Programa *stricto-sensu* em Motricidade Humana da Universidade Castelo Branco e professor-pesquisador da Unisuam. É ainda pesquisador do Conselho Nacional de Desenvolvimento Científico e Tecnológico (CNPq), acadêmico da Academia Brasileira de Ciências Sociais e faz parte do "board" do International Council of Sport Science and Physical Education (ICSSPE), do International Commitee of Sport Pedagogy (ICSP), da Association Internationale dês Ecoles Superieures d'Education Physique (Aiesep) e editor do *Fiep Bulletin*, a revista científica internacional mais antiga do mundo e de maior difusão pelo planeta. E citado no "Who's Who in the World".

Coleção Primeiros Passos
Uma Enciclopédia Crítica

ABORTO
AÇÃO CULTURAL
ACUPUNTURA
ADMINISTRAÇÃO
ADOLESCÊNCIA
AGRICULTURA SUSTENTÁVEL
AIDS
AIDS – 2ª VISÃO
ALCOOLISMO
ALIENAÇÃO
ALQUIMIA
ANARQUISMO
ANGÚSTIA
APARTAÇÃO
ARQUITETURA
ARTE
ASSENTAMENTOS RURAIS
ASSESSORIA DE IMPRENSA
ASTROLOGIA
ASTRONOMIA
ATOR
AUTONOMIA OPERÁRIA
AVENTURA
BARALHO
BELEZA
BENZEÇÃO
BIBLIOTECA
BIOÉTICA
BOLSA DE VALORES
BRINQUEDO
BUDISMO
BUROCRACIA
CAPITAL
CAPITAL INTERNACIONAL
CAPITALISMO
CETICISMO
CIDADANIA
CIDADE
CIÊNCIAS COGNITIVAS
CINEMA
COMPUTADOR
COMUNICAÇÃO
COMUNICAÇÃO EMPRESARIAL
COMUNICAÇÃO RURAL
COMUNDADE ECLESIAL DE BASE
COMUNIDADES ALTERNATIVAS
CONSTITUINTE
CONTO
CONTRACEPÇÃO

CONTRACULTURA
COOPERATIVISMO
CORPO
CORPOLATRIA
CRIANÇA
CRIME
CULTURA
CULTURA POPULAR
DARWINISMO
DEFESA DO CONSUMIDOR
DEFICIÊNCIA
DEMOCRACIA
DEPRESSÃO
DEPUTADO
DESIGN
DESOBEDIÊNCIA CIVIL
DIALÉTICA
DIPLOMACIA
DIREITO
DIREITO AUTORAL
DIREITOS DA PESSOA
DIREITOS HUMANOS
DIREITOS HUMANOS DA MULHER
DOCUMENTAÇÃO
DRAMATURGIA
ECOLOGIA
EDITORA
EDUCAÇÃO
EDUCAÇÃO AMBIENTAL
EDUCAÇÃO FÍSICA
EMPREGOS E SALÁRIOS
EMPRESA
ENERGIA NUCLEAR
ENFERMAGEM
ENGENHARIA FLORESTAL
ESCOLHA PROFISSIONAL
ESCRITA FEMININA
ESPERANTO
ESPIRITISMO
ESPIRITISMO – 2ª VISÃO
ESPORTE
ESTATÍSTICA
ESTRUTURA SINDICAL
ÉTICA
ETNOCENTRISMO
EXISTENCIALISMO
FAMÍLIA
FANZINE
FEMINISMO

Coleção Primeiros Passos
Uma Enciclopédia Crítica

FICÇÃO
FICÇÃO CIENTÍFICA
FILATELIA
FILOSOFIA
FILOSOFIA DA MENTE
FILOSOFIA MEDIEVAL
FÍSICA
FMI
FOLCLORE
FOME
FOTOGRAFIA
FUNCIONÁRIO PÚBLICO
FUTEBOL
GASTRONOMIA
GEOGRAFIA
GEOPOLÍTICA
GESTO MUSICAL
GOLPE DE ESTADO
GRAFFITI
GRAFOLOGIA
GREVE
GUERRA
HABEAS CORPUS
HERÓI
HIEROGLIFOS
HIPNOTISMO
HISTÓRIA EM QUADRINHOS
HISTÓRIA
HISTÓRIA DA CIÊNCIA
HISTÓRIA DAS MENTALIDADES
HOMEOPATIA
HOMOSSEXUALIDADE
IDEOLOGIA
IGREJA
IMAGINÁRIO
IMORALIDADE
IMPERIALISMO
INDÚSTRIA CULTURAL
INFLAÇÃO
INFORMÁTICA
INFORMÁTICA – 2ª VISÃO
INTELECTUAIS
INTELIGÊNCIA ARTIFICIAL
IOGA
ISLAMISMO
JAZZ
JORNALISMO
JORNALISMO SINDICAL
JUDAÍSMO

JUSTIÇA
LAZER
LEGALIZAÇÃO DAS DROGAS
LEITURA
LESBIANISMO
LIBERDADE
LÍNGUA
LINGÜÍSTICA
LITERATURA INFANTIL
LITERATURA DE CORDEL
LIVRO-REPORTAGEM
LIXO
LOUCURA
MAGIA
MAIS-VALIA
MARKETING
MARKETING POLÍTICO
MARXISMO
MATERIALISMO DIALÉTICO
MEDIAÇÃO DE CONFLITOS
MEDICINA ALTERNATIVA
MEDICINA POPULAR
MEDICINA PREVENTIVA
MEIO AMBIENTE
MENOR
MÉTODO PAULO FREIRE
MITO
MORAL
MORTE
MULTINACIONAIS
MUSEU
MÚSICA
MÚSICA BRASILEIRA
MÚSICA SERTANEJA
NATUREZA
NAZISMO
NEGRITUDE
NEUROSE
NORDESTE BRASILEIRO
OCEANOGRAFIA
OLIMPISMO
ONG
OPINIÃO PÚBLICA
ORIENTAÇÃO SEXUAL
PANTANAL
PARLAMENTARISMO
PARLAMENTARISMO MONÁRQUICO
PARTICIPAÇÃO
PARTICIPAÇÃO POLÍTICA

Coleção Primeiros Passos
Uma Enciclopédia Crítica

PEDAGOGIA
PENA DE MORTE
PÊNIS
PERIFERIA URBANA
PESSOAS DEFICIENTES
PODER
PODER LEGISLATIVO
PODER LOCAL
POLÍTICA
POLÍTICA CULTURAL
POLÍTICA EDUCACIONAL
POLÍTICA NUCLEAR
POLÍTICA SOCIAL
POLUIÇÃO QUÍMICA
PORNOGRAFIA
PÓS-MODERNO
POSITIVISMO
PRAGMATISMO
PREVENÇÃO DE DROGAS
PROGRAMAÇÃO
PROPAGANDA IDEOLÓGICA
PSICANÁLISE 2ª VISÃO
PSICODRAMA
PSICOLOGIA
PSICOLOGIA COMUNITÁRIA
PSICOLOGIA SOCIAL
PSICOTERAPIA
PSICOTERAPIA DE FAMÍLIA
PSIQUIATRIA ALTERNATIVA
PUNK
QUESTÃO AGRÁRIA
QUESTÃO DA DÍVIDA EXTERNA
QUÍMICA
RACISMO
RÁDIO EM ONDAS CURTAS
RADIOATIVIDADE
REALIDADE
RECESSÃO
RECURSOS HUMANOS
REFORMA AGRÁRIA
RELAÇÕES INTERNACIONAIS
REMÉDIO
RETÓRICA
REVOLUÇÃO
ROBÓTICA
ROCK
ROMANCE POLICIAL
SEGURANÇA DO TRABALHO
SEMIÓTICA

SERVIÇO SOCIAL
SINDICALISMO
SOCIOBIOLOGIA
SOCIOLOGIA
SOCIOLOGIA DO ESPORTE
STRESS
SUBDESENVOLVIMENTO
SUICÍDIO
SUPERSTIÇÃO
TABU
TARÔ
TAYLORISMO
TEATRO
TEATRO INFANTIL
TEATRO NÔ
TECNOLOGIA
TELENOVELA
TEORIA
TOXICOMANIA
TRABALHO
TRADUÇÃO
TRÂNSITO
TRANSPORTE URBANO
TROTSKISMO
UMBANDA
UNIVERSIDADE
URBANISMO
UTOPIA
VELHICE
VEREADOR
VÍDEO
VIOLÊNCIA
VIOLÊNCIA CONTRA A MULHER
VIOLÊNCIA URBANA
XADREZ
ZEN
ZOOLOGIA

IMPRESSÃO

www.3torres.net